BEI GRIN MACHT SICH IHR WISSEN BEZAHLT

Barbara Murth

Rechtliche Grundlagen der Mediation. Bundesgesetz über Mediation in Zivilrechtssachen

GRIN Verlag

Bibliografische Information der Deutschen Nationalbibliothek:

Die Deutsche Bibliothek verzeichnet diese Publikation in der Deutschen National-
bibliografie; detaillierte bibliografische Daten sind im Internet über http://dnb.d-
nb.de/ abrufbar.

Impressum:

Copyright © 2013 GRIN Verlag GmbH
Druck und Bindung: Books on Demand GmbH, Norderstedt Germany
ISBN: 978-3-656-71303-6

Dieses Buch bei GRIN:

http://www.grin.com/de/e-book/278055/rechtliche-grundlagen-der-mediation-
bundesgesetz-ueber-mediation-in-zivilrechtssachen

GRIN - Your knowledge has value

Der GRIN Verlag publiziert seit 1998 wissenschaftliche Arbeiten von Studenten, Hochschullehrern und anderen Akademikern als eBook und gedrucktes Buch. Die Verlagswebsite www.grin.com ist die ideale Plattform zur Veröffentlichung von Hausarbeiten, Abschlussarbeiten, wissenschaftlichen Aufsätzen, Dissertationen und Fachbüchern.

Besuchen Sie uns im Internet:

http://www.grin.com/

http://www.facebook.com/grincom

http://www.twitter.com/grin_com

KONMED

Rechtliche Grundlagen der Mediation

Bundesgesetz über Mediation in Zivilrechtssachen

eingereicht von:

Barbara Murth

Institut für Publizistik- und Kommunikationswissenschaft

Wien, am 15.1.2014

Inhaltsverzeichnis

1. Einleitung

„Die Mediation als Alternative zu einem gerichtlichen Verfahren hat sich in den letzten drei Jahrzehnten in Österreich nicht nur in den Köpfen der Bevölkerung, sondern auch in immer mehr einzelnen gesetzlich geregelten Bereichen, wie z.B. bei der Überprüfung einer allfällig bestehenden Umweltunverträglichkeit, etabliert. Gerade auch eine steigende Berichterstattung in den Medien, aufgrund manch publicityträchtiger Mediationsverfahren, wie z.B. über den Flughafen Wien oder über den Ausbau der Bahntrasse im Gasteinertal, hat zu einer kontinuierlich wachsenden Akzeptanz und Relevanz dieses alternativen Konfliktlösungs- bzw. -behandlungsverfahrens in der Bevölkerung beigetragen.[1]

Vor dem Hintergrund des angeführten Zitates erscheint es angemessen, sich eingehender mit der Mediation und der gewaltfreien Kommunikation auseinander setzen zu wollen, vor allem, wenn man sich die Veränderung im öffentlichen Diskurs und der Akzeptanz hinsichtlich der Alternative zu gerichtlichen Verfahren vor Augen führt. Zudem bietet die Mediation gegenüber einem Gerichtsverfahren offensichtliche Vorteile:

Bei Gericht wird der Konflikt „abgegeben", die Beteiligten haben kaum mehr die Möglichkeit, zu beeinflussen. Es geht um:

    Position

    Schuld

    Vergangenheit (alles berichten, was geschehen ist)

    Ehe   Lebensgemeinschaft (kein Unterhaltsanspruch, Erbrecht)

Hingegen können bei der Mediation Medianden/Innen autonom entscheiden. Es geht hierbei um:

    Bedürfnis

    Anerkennung

    Zukunft (was brauchen die Menschen)

    innerhalb des Rechtrahmens

    Ressourcenorientiert[2]

2. Rechtsquellen

1.1. Bundesgesetz über Mediation in Zivilrechtssachen
Zivilrechts-Mediations-Gesetz – ZivMediatG), BGBl. I Nr. 29/2003

1.2. Verordnung des Bundesministers für Justiz
über die Ausbildung zum/r eingetragenen Mediator/In

---

[1] Neumann, Alexander (2010): S.21.
[2] Beispiel: Kinder-Orange: Menschen wollen unterschiedliche Dinge

3. Der Begriff Mediation

Mediation (lateinisch „Vermittlung") ist ein strukturiertes freiwilliges Verfahren zur konstruktiven Beilegung eines Konfliktes. Die Konfliktparteien – teilweise auch Medianten/Innen oder Medianden/Innen genannt – wollen mit Unterstützung einer dritten "allparteilichen" Person (dem Mediator/ der Mediatorin) zu einer gemeinsamen Vereinbarung gelangen, die ihren Bedürfnissen und Interessen entspricht. Der Mediator/ Die Mediatorin trifft dabei keine eigenen Entscheidungen bezüglich des Konflikts, sondern ist lediglich für das Verfahren verantwortlich.

Das Gesetz definiert Mediation in § 1 Abs. 1 ZivMediatG: "eine auf Freiwilligkeit der Parteien beruhende Tätigkeit, bei der ein fachlich ausgebildeter, neutraler Vermittler (Mediator) mit anerkannten Methoden die Kommunikation zwischen den Parteien systematisch mit dem Ziel fördert, eine von den Parteien selbst verantwortete Lösung ihres Konfliktes zu ermöglichen".

Mediation "in Zivilrechtssachen" (Zivilrechtsmediation) ist Mediation zur Lösung von Konflikten, für deren Entscheidung an sich die ordentlichen Zivilgerichte zuständig sind (§ 1 Abs. 2 ZivMediatG).

Die Mediation ist immer:

- zukunftsgerichtet,
- freiwillig und
- bedürfnisorientiert.

4. Ziele

Das Ziel der Mediation ist die Lösung eines Konfliktes – möglichst durch den wechselseitigen Austausch über die Konflikthintergründe und mit einer verbindlichen, in die Zukunft weisenden Vereinbarung der Teilnehmer. Dabei steht im Gegensatz zum Gerichtsverfahren die Frage nach einer eventuellen Schuld nicht im Vordergrund. Auch Veränderungen im Verhalten der Mediationsteilnehmer untereinander werden nur insoweit gefördert, als sie für die verbindliche Lösung des Konflikts notwendig sind. Insofern grenzt sich die Mediation von therapeutischen Verfahren ab.

Neben dem eigentlichen Ziel der Mediation – beispielsweise der Regelung von Vermögensfragen bei einer Scheidung; der Vereinbarung über eine gemeinsame elterliche Sorge trotz Trennung der Eltern oder der Fortsetzung einer Kooperation zweier Unternehmen – gibt es auch Ziele, die außerhalb des eigentlichen Verfahrens stehen:

- Berücksichtigung von Interessenlagen, die in einem Zivilprozess unbeachtet bleiben würden.

- Reduzierung der Verfahrenskosten und der Konfliktfolgekosten.
- Möglichkeit eines unbürokratischen und flexiblen Verfahrens.
- Schonung personeller und betrieblicher Ressourcen.
- keine Öffentlichkeit durch Berichte in den Massenmedien.

5. Die Liste der Mediatoren[3]

Seit 1.5.2004 führt das Bundesministerium für Justiz eine Liste der eingetragenen Mediatoren/ Innen.
Folgende Daten sind einzutragen:

- Vor- und Familienname
- akademischer Grad
- Geburtstag
- Bezeichnung des Berufs
- Arbeitsanschrift

Folgende Informationen können darüber hinaus eingetragen werden:

- Fachliche/r Tätigkeitsbereich/e

Überdies besteht die Möglichkeit, die Kenntnis allfälliger weiterer Arbeitssprachen zu veröffentlichen. Man sollte jedoch dabei bedenken, dass die Kenntnisse ausreichen müssen, um in dieser Sprache eine Mediation durchzuführen. Zudem kann ein Porträtfoto veröffentlicht werden.

6. Voraussetzung für die Eintragung/ Ausbildung

In Österreich ist für die Mediation in Zivilrechtssachen der Zugang zur Tätigkeit des/r Mediators /In seit 2004 im Bundesgesetz über Mediation in Zivilrechtssachen (ZivMediatG) gesetzlich geregelt. Bei fachlicher Qualifikation und einem Mindestalter von 28 Jahren kann sich ein Mediator/ eine Mediatorin in die Liste der eingetragenen Mediatoren/Innen in Zivilrechtssachen (§ 15 ZivMediatG) beim Justizministerium eintragen lassen. Der/Die eingetragene Mediator/In muss – im Gegensatz zu anderen, nicht eingetragenen Mediatoren/Innen – in einem Gerichtsverfahren nicht über den Inhalt der Mediation aussagen (§ 18 ZivMediatG).

Die auf Grundlage des österreichischen Mediationsgesetzes erlassene Ausbildungsverordnung (ZivMediat-AV) fordert für eingetragene Mediatoren in Zivilrechtssachen eine Mediationsausbildung von mindestens 365 Einheiten, von Juristen und Angehörigen psychosozialer Berufsgruppen wird ein reduzierter Ausbildungsumfang von 220 Einheiten gefordert.

Für die Eintragung in die Liste der MediatorInnen sind nachstehende Punkte Voraussetzung:

---

[3] Eine vollständige und aktuelle Liste der eingetragenen MediatorInnen findet man unter http://www.mediatoren.justiz.gv.at/mediatoren/mediatorenliste.nsf/contentByKey/VSTR-7DYGZB-DE-p

- Antrag an das Bundesministerium für Justiz

- Mindestalter 28 Jahre

- fachliche Qualifikation

- Vertrauenswürdigkeit (Strafregisterbescheinigung)

- Haftpflichtversicherung des Mediators (Versicherungsvertrag nach österreichischem Recht; Mindestversicherungssumme 400.000 Euro; kein Ausschluss und keine zeitliche Begrenzung der Nachhaftung des Versicherers)

- Angabe, wo der Mediator seine Tätigkeit ausüben wird

Für den Antrag ist eine Gebühr von 308 Euro zu zahlen. Die erste Eintragung in die MediatorInnen Liste ist für einen Zeitraum von 5 Jahren gültig, jede Verlängerung sodann 10 Jahre.

Paragraph 29 des Mediations Gesetzes regelt die Ausbildung zum/r Mediator/In:

§ 29. (1) Der Bundesminister für Justiz hat nach Anhörung des Beirats für Mediation durch Verordnung nähere Bestimmungen über die Ausbildung für Mediatoren festzulegen. Dabei können die Ausbildungsinhalte nach Fachbereichen unterschiedlich festgesetzt werden.

(2) Der theoretische Teil der Ausbildung ist, aufgegliedert nach einzelnen Ausbildungsinhalten, mit 200 bis 300, der anwendungsorientierte Teil mit 100 bis 200 Ausbildungseinheiten festzulegen. Es haben insbesondere zu umfassen

1. der theoretische Teil:

a) eine Einführung in die Problemgeschichte und Entwicklung der Mediation, einschließlich deren Grundannahmen und Leitbilder;

b) Verfahrensablauf, Methoden und Phasen der Mediation unter besonderer Berücksichtigung verhandlungs- und lösungsorientierter Ansätze;

c) Grundlagen der Kommunikation, insbesondere der Kommunikations-, Frage- und Verhandlungstechniken, der Gesprächsführung und Moderation unter besonderer Berücksichtigung von Konfliktsituationen;

d) Konfliktanalysen;

e) Anwendungsgebiete der Mediation;

f) Persönlichkeitstheorien und psychosoziale Interventionsformen;

g) ethische Fragen der Mediation, insbesondere der Position des Mediators;

h) rechtliche, insbesondere zivilrechtliche, Fragen der Mediation sowie Rechtsfragen von Konflikten, die für eine Mediation besonders in Betracht kommen;

2. der anwendungsorientierte Teil:

a) Einzelselbsterfahrung und Praxisseminare zur Übung in Techniken der Mediation unter Anwendung von Rollenspielen, Simulation und Reflexion;

b) Peergruppenarbeit;

c) Fallarbeit und begleitende Teilnahme an der Praxissupervision im Bereich der Mediation.

(3) Die für einen Beruf erforderliche Ausbildung und die bei dessen Ausübung typischerweise erworbene Praxis ist angemessen zu berücksichtigen (§ 10).

7. Versicherungspflicht

Bei der Antragstellung ist eine Haftpflichtversicherung nachzuweisen (Versicherungsvertrag nach österreichischem Recht; Mindestversicherungssumme 400.000 Euro; kein Ausschluss und keine zeitliche Begrenzung der Nachhaftung des Versicherers).

Die Versicherungen sind verpflichtet, den Wegfall des Versicherungsschutzes (etwa wegen Prämienverzugs oder wegen Kündigung des Versicherungsvertrags) dem Bundesministerium für Justiz zu melden. Dieses fordert die/den betroffenen Mediator/in danach auf, innerhalb einer bestimmten Frist das Bestehen des Versicherungsschutzes nachzuweisen.

Sollte der Versicherer gewechselt werden und einen bestehenden Versicherungsvertrag kündigen, wird auch das dem Bundesministerium für Justiz bekanntgegeben. Man wird jedoch nicht sofort automatisch aus der Liste gelöscht, sondern hat die Möglichkeit, unter Einhaltung einer bestimmten Frist, zum Beispiel den Abschluss eines Versicherungsvertrags mit einem anderen Versicherer nachzuweisen. Dies gilt auch in jenen Fällen, in denen der Versicherungsschutz wegen des Austritts aus einem Verband wegfällt, der seinen Mitgliedern eine Gruppenversicherung ermöglich hat.

8. Aufrechterhaltung der Eintragung

Frühestens ein Jahr und spätestens drei Monate vor Ablauf der Eintragungsdauer kann die/der Mediator/in, sofern sie/er in der Liste der Mediatoren/Innen eingetragen bleiben möchte, schriftlich die Aufrechterhaltung der Eintragung für weitere zehn Jahre begehren. Gleichzeitig hat sie/er die Fortbildung im Sinne des § 20 ZivMediatG darzustellen und eine aktuelle (nicht älter als drei Monate) Strafregisterauskunft sowie eine Bestätigung des Versicherers über das aufrechte Bestehen einer Haftpflichtversicherung gem. § 19 ZivMediatG vorzulegen. Das Bundesministerium für Justiz nimmt auch Fortbildungsnachweise entgegen, die schon vor dem Antrag auf Aufrechterhaltung der Eintragung übermittelt werden.

Allerdings können Anträge auf Aufrechterhaltung der Eintragung erst frühestens ein Jahr und spätestens drei Monate vor Ablauf der Eintragungsdauer gestellt werden (das jeweilige Datum ist in der Liste bei jeder/m Mediator/in ersichtlich). Früher gestellte Anträge auf Aufrechterhaltung der Eintragung wären zurückzuweisen. Für den Antrag auf Aufrechterhaltung der Eintragung ist abermals eine Gebühr von 308 Euro zu zahlen.

Wenn kein Antrag auf Aufrechterhaltung der Eintragung gestellt wird, endet die Eintragung automatisch. Ein späterer Antrag auf Neueintragung ist jederzeit möglich (und löst die Gebührenpflicht aus).

Personen, die nach der Übergangsbestimmung des § 34 ZivMediatG unter gemilderten Voraussetzungen in der Liste eingetragen waren, müssen bei einer späteren Neueintragung keine zusätzlichen Ausbildungsinhalte nachweisen. Davon unabhängig ist jedoch die Verpflichtung, sich fortzubilden.

9. Fortbildung

Eingetragene Mediatoren/Innen haben sich zumindest im Ausmaß von fünfzig Stunden innerhalb eines Zeitraumes von fünf Jahren fortzubilden und dies dem Bundesminister für Justiz nachzuweisen (§ 20 ZivMediatG). Einen Überblick über die Lehrgänge findet man auf einer Website, der man auch Informationen über Lehrgangsleiter, Kosten, Veranstaltungsort und -zeit entnehmen kann.[4]

Als Fortbildung kommt die Teilnahme an Fachseminaren, Workshops, Fallanalysen, berufsbegleitender Supervision usw. in Frage. Eigene Lehrtätigkeit gilt nicht als Fortbildung, da der Lehrende in der Regel Wissen vermittelt, das ihm ohnedies geläufig ist.

Eine in den ersten fünf Jahren absolvierte Fortbildung kann nicht auf den folgenden Fünfjahreszeitraum übertragen werden. Dementsprechend müssen nach erfolgtem Nachweis von 50 Stunden keine weiteren Fortbildungsbestätigungen mehr dem Bundesministerium für Justiz übermittelt werden.

10. Entrichtung der Gebühren

Rechtsquelle für die Gebührenpflicht ist das Gerichtsgebührengesetz – GGG, BGBl. Nr. 501/1984 in der geltenden Fassung – hier einschlägig geändert durch Art. V ZivMediatG und – was die Höhe betrifft – ab 1.10.2013 durch BGBl. II Nr. 280/2013.

Die Gebührenpflicht tritt mit Überreichung des Antrags ein (§ 2 Z 7 GGG). Nach den allgemeinen Bestimmungen des Gesetzes sind die Verpflichtung zur Zahlung und die Fälligkeit nicht an eine „Vorschreibung" der Gebühr und auch nicht an eine Mahnung oder ähnliches gebunden.

Die Verpflichtung zur Zahlung der Eintragungsgebühr in die Liste der MediatorInnen trifft stets den Antragsteller. Nur die Zahlung (Überweisung) des oben angeführten Betrages (308 Euro) an das Bundesministerium für Justiz erfüllt den Anspruch des Bundes.

Das GGG regelt in § 31 Abs. 1 folgende Säumnisfolgen:

---

[4] http://www.mediatoren.justiz.gv.at/mediatoren/mediatorenliste.nsf/contentByKey/VSTR-7DYH2Y-DE-p

Wird der Anspruch des Bundes auf eine Gebühr mit der Überreichung der Eingabe (§ 2 Z 1 lit. a bis c, e, h, j, Z 2 und 7) begründet und ist die Gebühr nicht oder nicht vollständig beigebracht worden oder ist eine Einziehung von Gerichts- oder Justizverwaltungsgebühren (§ 4 Abs. 3 bis 5) erfolglos geblieben, so ist von den zur Zahlung verpflichteten Personen neben der fehlenden Gebühr ein Mehrbetrag von 21 Euro zu erheben.

Diese Säumnisfolge ist auch weder an eine Mahnung noch an eine „Vorschreibung" gebunden.

Den allgemeinen Regeln folgend besteht bei Abweisung oder bei Zurückziehung des Antrags kein Anspruch auf Rückerstattung der Gebühr.

11. Änderung der Daten

Wenn sich während der Eintragungsdauer Daten ändern (Arbeitsanschrift, Name, Telefonnummer oder ähnliches) kann dies formlos schriftlich oder per E-Mail mitgeteilt werden.

12. Methoden

Die Methode der Mediation ist eine Synthese zahlreicher Elemente diverser Disziplinen. In methodischer Hinsicht sind es insbesondere Elemente aus den Fachgebieten „Problemlösen" und „Themenzentrierte Interaktion". Ein zentrales Anliegen jeder Mediation ist es, die Konfliktparteien wieder in ein Gespräch zu bringen.

Der neu beginnende kommunikative Ablauf ist so zu steuern, dass die Konfliktparteien

- Sache und Person von einander trennen,
- individuelle Wahrnehmungsphänomene als Konfliktfaktoren anerkennen,
- unterschiedliche Bedürfnisse und Interessen des oder der Konfliktpartner/innen anerkennen und
- für sich Entscheidungsverzerrungen aufdecken.

Phasen der Mediation

Im Laufe der Jahrzehnte haben sich verschiedene Phasenmodelle der Mediation entwickelt. Obwohl die Phasen von Modell zu Modell verschieden ausdifferenziert sind, finden sich bei den meisten Modellen nahezu immer nachstehende fünf Phasen als Handlungsstrategie wieder:

12.1. Auftragsklärung

Zunächst werden die Parteien über das Mediationsverfahren, die Rolle und Haltung des/r Mediators/In informiert, für die Konfliktvermittlung wird eine Mediationsvereinbarung abgeschlossen und das weitere Vorgehen miteinander abgestimmt.

12.2. Themensammlung

Zu Beginn der zweiten Phase stellen die Parteien ihre Streitpunkte und Anliegen im Zusammenhang dar, sodass die Themen und Konfliktfelder gesammelt und für die weitere Bearbeitung strukturiert werden können.

12.3. Positionen und Interessen

Sichtweisen- und Hintergrunderkundung

In der dritten Phase beginnt die eigentliche Problembearbeitung mit der Entscheidung über das erste zu behandelnde Thema. Danach erhalten die Beteiligten Gelegenheit, ihre Sicht des jeweiligen Aspekts des Konflikts zu jedem Themenpunkt umfassend darzustellen. Informationen, Daten und Wahrnehmungen werden ausgetauscht, bevor auf die unterschiedlichen und gemeinsamen Wünsche, Bedürfnisse und Interessen der Parteien vertieft eingegangen und damit der Konflikt umfassend erhellt werden kann.

Wichtig ist in dieser Phase vor allem der Übergang von Positionen zu dahinter liegenden Interessen.

Außerdem werden üblicherweise Maßstäbe für eine aus Sicht der Beteiligten gerechte beziehungsweise sinnvolle Lösung entwickelt.

Dabei kommen neben den Positionen der Konfliktparteien deren Hintergründe, Ziele, Interessen, und – je nach Ausrichtung und Ausbildung des/r Mediators/In – Emotionen und Identitätsaspekte (Rollen, Selbstbild) zum Vorschein.

12.4. Sammeln und Bewerten von Lösungsoptionen

In der vierten, der „kreativen" Phase werden zu den einzelnen Problemfeldern zunächst im Wege des Brainstormings Lösungsoptionen bewertungsfrei gesammelt.

Nach Abschluss der Ideenfindung werden diese Lösungsoptionen von den Medianden bewertet und verhandelt.

Der/Die Mediator/In wird in dieser Phase meist das vorschnelle Beschließen von Lösungen bremsen, indem er/sie gegenüber den Teilnehmern hinterfragt, inwieweit die gefundenen Lösungen mit den in der vorherigen Phase ermittelten Interessen der Parteien oder den vorher erarbeiteten Kriterien für eine gerechte Lösung im Einklang stehen. Auch wird der/die Mediator /In gemeinsam mit den Beteiligten überprüfen, ob und wie sich die jeweiligen Lösungsoptionen in der Realität umsetzen lassen.

12.5. Abschlussvereinbarung

Zum Abschluss der Mediation werden die Ergebnisse (meist schriftlich) festgehalten. Üblich ist dabei die konkrete Regelung des weiteren Vorgehens einschließlich der Festlegung von Umsetzungsfristen bis hin zum Verhalten im zukünftigen Konfliktfall. Zudem kann auch noch ein weiterer Termin in ferner Zukunft vereinbart werden, um die Erlebnisse und das Zurechtkommen mit den Ergebnissen im Alltag zu besprechen.

Zugrundeliegende Methoden

Die Entwicklung dieser fünf Phasen sowie ihr Einsatz in den vergangenen zwanzig Jahren haben Kommunikationstechniken integriert, die im Folgenden beschrieben sind:

- Problemlösen

- Körpersprache

- Aktives Zuhören und Paraphrasieren

- Fragetechnik

- Gewaltfreie Kommunikation[5]

- Ich-Botschaften senden

- Rahmensetzungen (Framing, Reframing)

- Die Anwendung von Heuristiken. In der <u>Psychologie</u> sind Heuristiken einfache, effiziente Regeln, die sich durch evolutionäre Prozesse gefestigt haben oder erlernt wurden. Sie werden insbesondere genutzt, um Lagebeurteilungen, Entscheidungsfindungen und Problemlösungen von Menschen in <u>komplexen</u> Situationen, in denen es häufig an Informationen mangelt, zu erklären.

Begleitende Maßnahmen

Darüber hinaus ist die Mediation bemüht, eine Transformation des Konfliktes bewirken zu können durch den Einsatz folgender Techniken:

- Empowerment: Befähigung der Konfliktparteien zur Klärung eigener Interessen und Bedürfnisse.

- Perspektivenwechsel: verständigungsorientierter Diskurs, um neue Handlungsmöglichkeiten zu schaffen.

- Argumentationen strukturieren, auch Induktives Argumentieren und deduktives Argumentieren.

Das Vorgehen in einer Mediation nach diesen fünf Phasen dient inzwischen als Vorbild für die Didaktik und das Curriculum einer Ausbildung zum Mediator/ zur Mediatorin.

13. Grenzüberschreitende Mediation

---

[5]Gewaltfreie Kommunikation nach Marshall B. Rosenberg, der 2 Konzepte entwickelt hat, zu kommunizieren:
- Giraffensprache (gewaltfreie Kommunikation, ist liebenswert, langer Hals hilft, andere Perspektiven einzunehmen, bittet statt zu fordern) Beobachtung-Gefühl-Bedürfnis erkennen-Bitte formulieren (konkrete Handlung, kein Wunsch)
- Wolfsprache (lebensentfremdende Kommunikation=meint, er weiss es besser, droht mit Strafen, sucht nach Schuldigen) verursacht Kränkungen, wertet, kritisiert, straft, Bewertung-Kritik-Strafe

Das EU - Mediationsgesetz tritt mit 1.Mai 2011 in Kraft und ist auf Mediationsverfahren, die nach dem 30. April 2011 eingeleitet werden, anzuwenden.

Bundesgesetz über bestimmte Aspekte der grenzüberschreitenden Mediation in Zivil- und Handelssachen in der Europäischen Union (EU-Mediations-Gesetz - EU-MediatG)

§1 (1) Dieses Bundesgesetz gilt für die Mediation in grenzüberschreitenden Streitigkeiten in Zivil- und Handelssachen. Auf Streitigkeiten über Rechte und Pflichten, über die die Parteien nach dem anwendbaren Recht nicht verfügen können, sowie über die Haftung des Staates für Handlungen oder Unterlassungen im Rahmen der Ausübung hoheitlicher Rechte („acta iure imperii") ist es nicht anzuwenden.

In **Paragraph 2** (1) 3. sind grenzüberschreitende Streitigkeiten genauer geregelt:

3. grenzüberschreitende Streitigkeit: eine Streitigkeit, bei der mindestens eine der Parteien zu dem Zeitpunkt, zu dem

a) die Parteien nach Entstehen der Streitigkeit eine Mediation vereinbaren oder

b) die Mediation von einem Gericht angeordnet wird oder

c) nach dem Recht eines Mitgliedstaats eine Pflicht zur Nutzung der Mediation entsteht oder

d) die Parteien von einem Gericht aufgefordert werden, eine Mediation in Anspruch zu nehmen, ihren Wohnsitz oder gewöhnlichen Aufenthalt in einem anderen Mitgliedstaat hat als eine der anderen Parteien.

14. Literatur

Diez, Hannelore/ Krabbe, Heiner/ Gitschthaler, Edwin (2009): Familien-Mediation und Kinder . Grundlagen
    - Methodik - Techniken, Wien.

Ewert, Thomas (2012): Grenzüberschreitende Mediation in Zivil- und Handelssachen. Richtlinie
    2008/52/EG: Entstehung, Inhalt und Bedeutung für das deutsche Recht. Jena.

Hopt, Klaus J. (Hg) (2008): Mediation: Rechtstatsachen, Rechtsvergleich, Regelungen. Tübingen.

Neumann, Alexander (2010): Mediationsausbildung.Berufsausbildung, Weiterbildung oder Hobby? Studie
    zu den Auswirkungen der Mediationsausbildung auf deren Absolventinnen und Absolventen. Wien.

15. Quellenverzeichnis

Bundesgesetz über Mediation in Zivilrechtssachen:

https://www.ris.bka.gv.at/GeltendeFassung.wxe?abfrage=Bundesnormen&Gesetzesnummer=20002753

Liste der eingetragenen MediatorInnen:

http://www.mediatoren.justiz.gv.at/mediatoren/mediatorenliste.nsf/contentByKey/VSTR-7DYGZB-DE-p

Österreichischer Bundesverband für Mediation:

http://www.oebm.at/cms/index.php?id=58

Richtlinie 2008/52/EG des Europäischen Parlaments und des Rates vom 21. Mai 2008 über bestimmte
    Aspekte der Mediation in Zivil- und Handelssachen:

http://eur-lex.europa.eu/LexUriServ/LexUriServ.do?uri=OJ:L:2008:136:0003:01:DE:HTML

http://www.mediatoren.justiz.gv.at/mediatoren/mediatorenliste.nsf/docs/home
http://www.parlament.gv.at/PAKT/VHG/XXIV/I/I_01055/fname_204306.pdf